U0139779

冲段必备

化繁为简学围棋

小林流布局

邹俊杰 著

山西出版传媒集团　书海出版社

图书在版编目（CIP）数据

化繁为简学围棋. 小林流布局 / 邹俊杰著. —太原：
书海出版社，2023.5
ISBN 978-7-5571-0107-7

Ⅰ. ①化… Ⅱ. ①邹… Ⅲ. ①围棋—基本知识 Ⅳ.
①G891.3

中国国家版本馆CIP数据核字（2023）第057360号

化繁为简学围棋. 小林流布局

著　　者：	邹俊杰	
责任编辑：	张　洁	
执行编辑：	侯天祥	
助理编辑：	王逸雪	
复　　审：	崔人杰	
终　　审：	梁晋华	
装帧设计：	谢　成	

出 版 者：	山西出版传媒集团·书海出版社
地　　址：	太原市建设南路21号
邮　　编：	030012
发行营销：	0351-4922220　4955996　4956039　4922127（传真）
天猫官网：	https://sxrmcbs.tmall.com　电话：0351-4922159
E-mail：	sxskcb@163.com　发行部
	sxskcb@126.com　总编室
网　　址：	www.sxskcb.com

经 销 者：	山西出版传媒集团·书海出版社
承 印 厂：	山西出版传媒集团·山西人民印刷有限责任公司

开　　本：	787mm×1092mm　1/32
印　　张：	5.5
字　　数：	80千字
版　　次：	2023年5月　第1版
印　　次：	2023年5月　第1次印刷
书　　号：	ISBN 978-7-5571-0107-7
定　　价：	22.00元

如有印装质量问题请与本社联系调换

前　言

哈喽，大家好，我是邹俊杰。熟悉我的朋友们应该知道，我之前写过一套围棋系列书籍叫做《变与不变》。这一晃，都快十年了，无论怎样"变与不变"，围棋终究是变了。AI的出现，给围棋技术带来了革命性的变化，很多下法被淘汰，同时，也有了很多创新的下法。怎么说呢？

AI的出现，让我们所有的围棋人，都重新开始学习围棋。这次，我就是来和大家分享我的学习笔记的。

我们都知道，AI具备着超强大的算力。因此，AI的很多招法背后的逻辑是难以理解的。并且，它是机器，只告诉你胜率，一个冰冷的数据。它没法告诉你它的逻辑推理过程、它的思考方式，您只能自己去揣摩。它也没有情感，不知道人类擅长掌握什么局面，棋手之间的风格差异和个人喜好。所以，即使是顶尖的职业选手用AI学习，AI也不能教授他们如何控制局面，将局面简化并把优势保持到终点。因为，AI只会告诉你：胜率！胜率！胜率！

对不起，这个胜率是AI眼中的胜率，不是你眼中的胜率！就像乔丹告诉你，他可以在罚球线起跳，并且在空中滑行的过程中，抽空想想今晚是吃披萨还是牛排，喝哪个品牌的红酒。然后，再将篮球轻松地灌进篮筐。对不起，你就是原地扣篮也是不太可能的事，更别说罚球线扣篮了。

所以，AI的招法我们是需要简化地学习的。也就是说，化繁为简，放弃一些复杂的下法，找到相对简明又能控制局面的下法，这才是关键！如同健身一样，每个人能力不同，训练力量的强度则不同。咱们必须找到适合自己的下法，这才是最重要的！毕竟，围棋需要咱们自己去下，你不能总拿着AI的胜率去指点江山。如果靠嘴下棋可以赢棋，我想我也可以和乔丹较量一下篮球啦。

好啦！讲了这么多废话，我写这套书的目的是什么呢？我就是想让大家轻松地学习AI的招法。

无论是开局定式还是实战常型，我都想把我对AI下法的理解，配合全局的思考，以及我个人对局面的喜好呈现给大家，让大家能更好地理解和掌握一些流行的下法。

我们都知道，围棋始终是计算的游戏。提高计算力最好的方式就是做死活题。但当你有了一定的计算基础，掌握一些流行定式和实战常型的下法就是如虎添翼，会让你的实战能力得到极大的提高！

而光看AI的胜率是很枯燥的，它没有情感。人类的柴米油盐酱醋茶、琴棋书画诗酒花，AI完全不懂！并且，围棋中很多非常复杂的战斗，即使有AI辅助，人类依然很难搞明白。

所以，我就想，咱能不能化繁为简，让大家轻松学AI呢？

我想试试看！希望这次出版的系列作品，能给大家带来精神的愉悦和棋力的提高。如果一不小心，能帮助您多赢几盘棋，升个段啥的，我就非常愉快啦！

图一

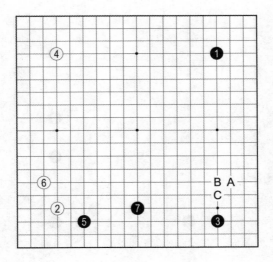

本册咱们来聊一聊"小林流布局"。黑1、3、5、7的下法是大前辈日本棋手小林光一老师得意的布局。资深的棋迷朋友应该没有不知道小林光一老师的。而小朋友们，或许会对小林光一比较陌生。这么说吧，邹老师小时候对小林光一老师的崇拜，一点不亚于现如今粉丝们对柯洁的崇拜。

黑7之后，以前的围棋理念认为，白C位挂角有中计之嫌！因此，在那个时代，白棋在A和B位挂角的应法是比较多见的。

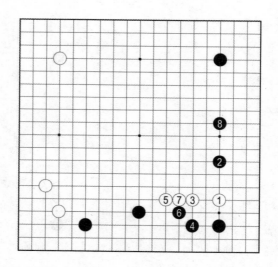

白1高挂，黑二间高夹是那个时代的流行下法。

至黑8，白棋一根棍子，没目、没眼，而黑棋上下的实地都有所获，直感上黑棋没有坏的道理。

不过，按现在的AI老师来分析，本图的进行白棋也完全可下。意不意外？

当然，邹老师本人还是认为白棋的下法过于平庸了。

人生还是应该有些追求，得来点刺激的！

图三

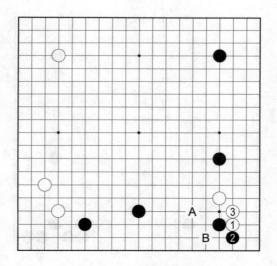

白1、3托退是邹老师极力推荐的一手！

咦……邹老师，这哪里刺激啊？

别太在意细节，能赢棋就是好下法，管它刺激不刺激！

"不管黑猫白猫，会捉老鼠的就是好猫。"

白棋托退之后，黑棋大致只有A、B两种应法。

图四

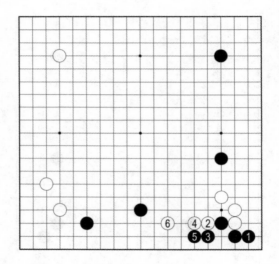

白棋直接托退的目的就是为了防止黑棋1位长。

参照一下图二就可以看出其中的区别。

黑1还要长，固执得过头了。

白2、4以下将黑棋压制在二路，黑棋明显吃亏！

图五

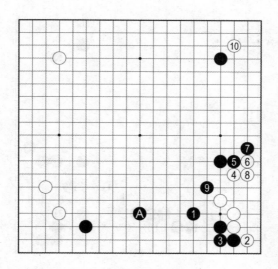

黑1飞，白2就地安定即可。

别慌！他强任他强，我自清风拂山岗。

至黑9，黑棋虽然封住了白棋，但A位的子力配置并不理想，黑棋外围也不算厚实，从全局来看，白棋快速，形势更为有利！

邹老师，黑9封一块活棋，有些无趣啊！黑脱先如何？

好想法！不过，黑棋也有顾虑的地方。

图六

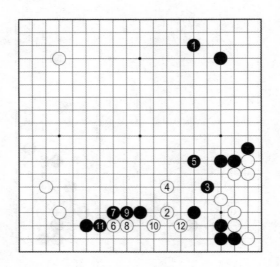

黑棋脱先，白2可立即打入！

邹老师，这白棋有点欺负人啊！黑棋子力多啊！

关于厚薄，您的理解还需要更有深度一些！

注意看！白棋右下角是活棋。那什么是厚势？

记住口诀——活棋才是真正的厚势！

白2打入，逼迫黑棋连回，黑3、5的子效是不是有些低呢？白6继续打入，以攻为守，至白12，黑边空现在姓了白，好坏不言自明。

邹老师，黑11是不是太老实了？

图七

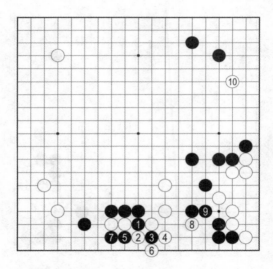

您指的是黑棋可以冲断，对吗？

恭喜您！您下出了白棋期待的结果。

白棋下边先手做活，简单看一下全局的目数，黑棋的空太少了！

本图黑棋下方落了后手，还不如上图的定型。

不过，上图黑棋的形势也不好。

看来，咱们还得给黑棋想想别的办法。

图八

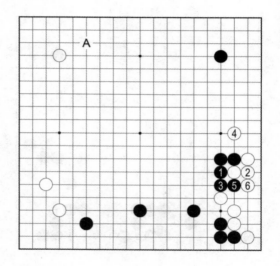

接图五。

黑1位拐，效果也不咋地。

至白6，黑棋的速度还是太慢了。

过程中，白4也可以直接脱先抢占 A 位的大场。

图九

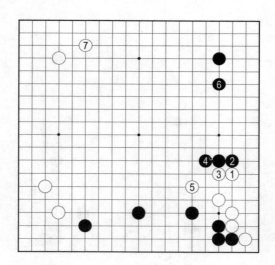

实际上，白棋即使最简单地走3位贴，至白7的结果，依然是白棋不错。

白1、3看起来很俗，但"以貌取人"是不理性的。

是不是有些颠覆您的围棋理念？

围棋始终是以谁地多为赢！

因此，判断棋局的好坏不能肤浅地去看棋形，核心还是要看目数与厚薄的得失！

图十

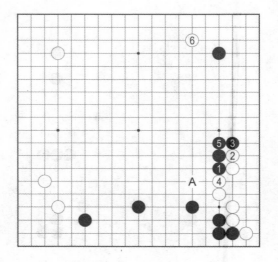

邹老师，黑1压，如何呢？

不用动气！心平气和，就地安定即可。

进程中，白6在A位跳出也可以。

总之，白棋只要就地做活就可以满意。

邹老师，我有些担心黑5直接立下。

图十一

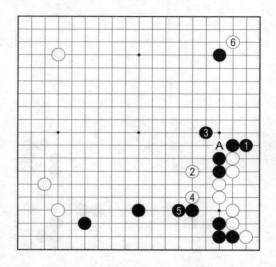

黑1立下，确实要比上图黑5粘好一些。

此时，白棋别着急断黑棋！还是要保持好心态，可以不战而屈人之兵当然是最理想的。

白2飞，瞄着A位的断点。黑3补断，白4靠，先手整理好棋形。右下角已无后顾之忧，白脱先抢占大场即可。如此，白棋可以满意。

图十二

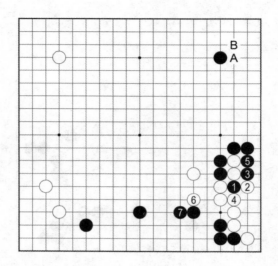

黑1以下的滚包不用担心。

白6靠，看轻两颗白子是局部的关键！

您要是选择在1位粘，邹老师得连吐两口鲜血！

记住口诀——残子莫留念！

白6整理好棋形之后，上方A和B是可以考虑的选点。

全局来看，依然是白棋有利。

好啦！至此，图五中黑1飞的下法，咱们已交代清楚了。

图十三

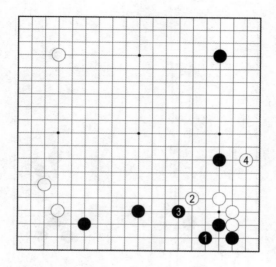

咱们再来看看黑1虎的变化。

隆重推荐白2、4的下法!

这是我在众多选择中筛选出来，我个人认为最为简明的下法!

怎么样? 是不是感觉很清爽!

清爽就对啦! 化繁为简是我们的宗旨嘛!

邹老师，白4的步子迈得是不是有些大? 我有点担心……

是担心扭到胯吗?

图十四

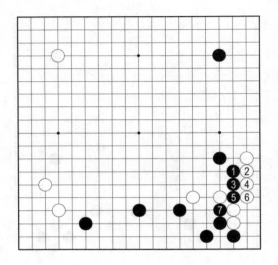

黑1小尖咋办呢？

至黑7，白棋不是被分断了吗？

别太一厢情愿，白6为啥一定要渡过呢？

再仔细看一看！

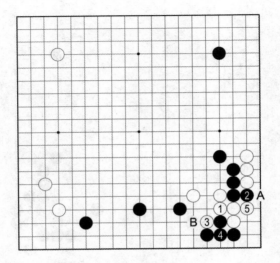

白1位接，才是此时的正解。

白5夹是局部关键的一手！

A和B两点，白棋必得其一，黑棋难以实施有效进攻。

图十六

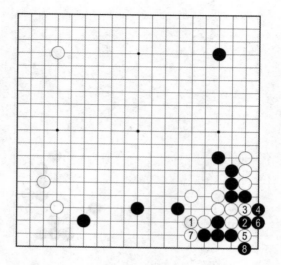

白1急于求成，不可取。

黑2扳过之后，白棋两块棋需要处理，反倒陷入被动。

记住上图中白5夹的次序，千万别忘了！

图十七

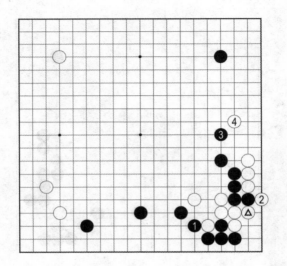

　　白△二路夹之后，黑1是更为紧要之处，必须补防。白2渡过之后，黑棋自身气紧，已很难对白棋实施进攻。

　　黑3大致只能跳，白4简单飞出即可。

　　邹老师，黑3这步棋有些松啊！

　　那您倒是来个紧凑的。

图十八

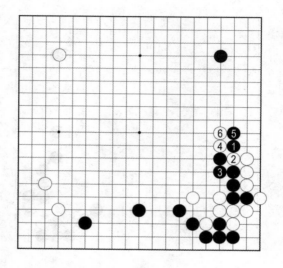

黑1倒是够紧凑。

只不过，是又紧又臭！

白2、4挤断之后，黑棋上下无法兼顾，已难以为继。

图十九

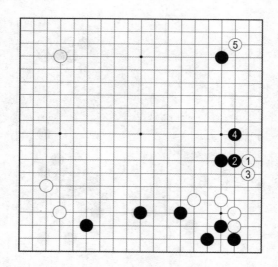

　　白1二路飞的时候，黑2、4是局部大致的分寸。

　　白棋局部先手安定，即可脱先抢占大场。

　　至白5，白棋快速，简明易下。

　　邹老师，黑2会不会有些俗？

　　好棋感！为师甚感欣慰。

图二十

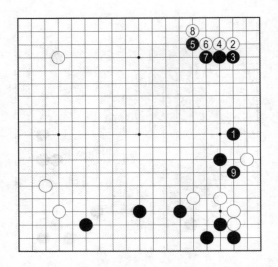

邹老师，黑1直接飞，白棋如若脱先，黑9冲击白棋，白棋似乎有些为难啊！

不错嘛！我能听出您内心小小的得意。

只不过，今天您运气差了点。

图二十一

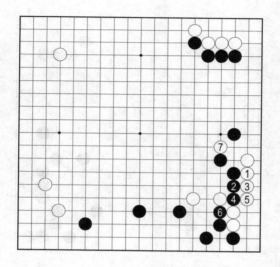

黑棋机关算尽，还是漏算了白7的跨出。

精心准备的陷阱，最终发现是对手早早设计的局，一切都在敌人的掌握之中。

别生气。当您阅历足够丰富的时候，您就会明白，这才是生活，生活就是如此，充满着苦与乐。

图二十二

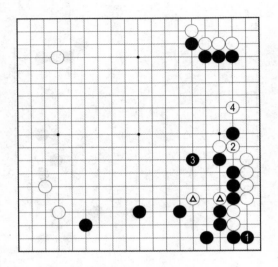

黑1是长不到的，这是黑棋遗憾的地方。

白2简单处理即可。

白4拆边获得安定之后，还瞄着黑棋上边的薄味。

而白棋下方△两子今后还有活动的余地。

如此，白棋简明优势。

图二十三

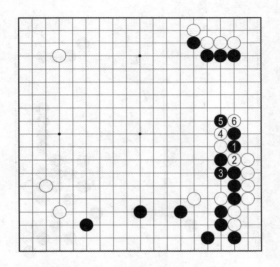

看来黑棋是非战不可了！

黑5有勇无谋。白6咔嚓一断，黑棋征吃不掉白棋外围，自身两子棋筋已不保。

还没开始热身，战斗就结束了。

图二十四

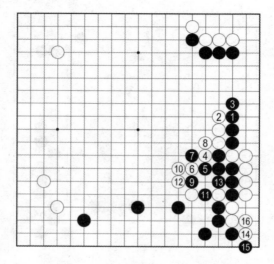

黑1只好长，白2继续压，黑3长松缓。

白4、6连扳，黑棋自身气紧，苦不堪言。

白棋外围先手获利之后，角上再补活，明显好调。

邹老师，白棋外围不也没活吗？黑棋现在从中央杀出来，白棋不是两块棋都需要处理吗？

有道理！处理两块棋，确实是有些被动。

只不过，白棋不需要处理两块棋。

图二十五

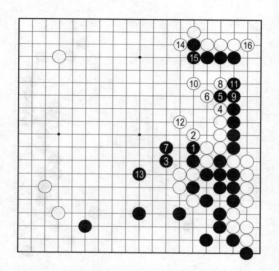

戒贪念！别总想着一毛不拔。

弃掉下边，白棋形势已经很好了。

黑棋下边的空大概40目，空里还留有余味，今后还要被白棋借用。

白16立下，还瞄着对黑棋的搜刮，从全局来看，白棋棋厚，空也不差，简明易下。

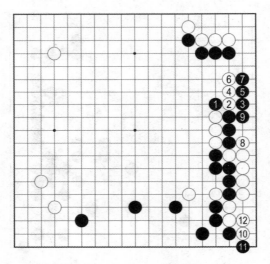

回头来看，黑1扳才是最顽强的抵抗。

如此，战斗还有些挑战性！

白2断，先手获利之后，再补活角。

外面该黑棋动手，战斗似乎还很难解。

图二十七

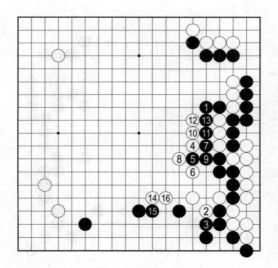

黑1长，白2先手交换之后，4位跳，黑棋气紧的弱点需要注意。黑5突围，白6夹，好棋！

白棋弃掉三子，控制住中腹是灵活的思路。

至白16，白棋形势依然有利。

邹老师，被白4跳，黑棋有些不舒服。那之前黑1长是不是有问题？

图二十八

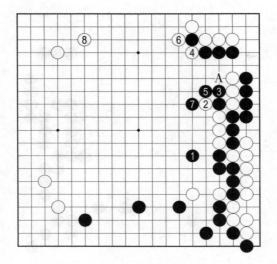

黑1如跳，白2打吃，黑3不敢跑出。

白4打吃的时候，黑不能6位长，否则，白可于A位征吃两子。黑5只得补棋，白6拔花太舒畅，黑棋不能接受。

图二十九

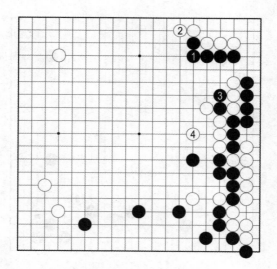

邹老师，那我黑1粘，先做交换。

不觉得黑1与白2的交换损吗？

白4将自身处理好即可。

从全局来看，黑棋实空太少了，依然不

利。

图三十

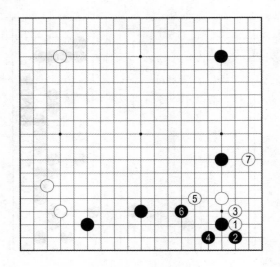

好啦，似乎有些扯远了。

总之，对付黑棋的二间高夹，您只需记住本图白棋的招式即可。

简单实用，可谓"居家旅行的必备良药"！

图三十一

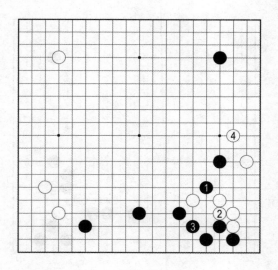

提个醒。

黑1是刺不到的。

白2团是先手，黑3得回防，黑棋局部落了后手，场面就有些尴尬啦！

图三十二

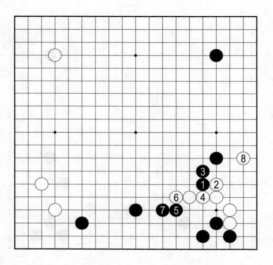

邹老师，我非不信那个邪！我提前刺！

黑1先刺，比上图肯定要好。

但对不起，这次依然刺不到。

白棋会2位爬，反击。

至白8，黑棋把自身走重了，反倒吃亏。

图三十三

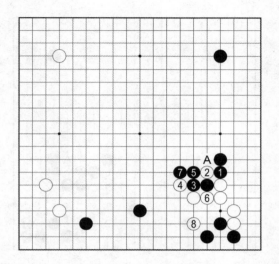

黑如1位顶住，白棋仗着征子有利，2位断是犀利的一手！黑棋征吃不掉，只得3位贴出。

白6粘上之后，瞄着A位跑出，黑7补防，白8反攻黑棋角部，黑棋明显苦战。

邹老师，我不信邪！我还要继续战！

图三十四

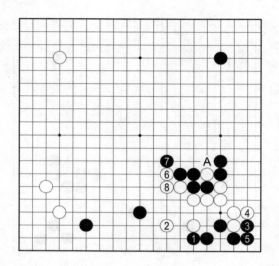

好，继续战！

白2跳，逼迫黑棋活角。

白6扳，紧凑的好棋！瞄着A位的跑出，黑棋不得造次。至白8，白棋棋形完整，黑棋空少得可怜，白棋没有惧怕的道理。

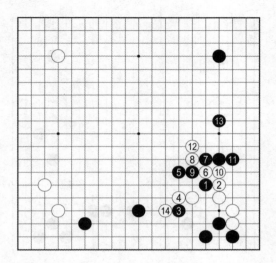

黑3直接回防是AI老师提供的一个有趣的思路。

黑5咄咄逼人，是不易发现的好棋。

白6、8扳断之后，形成一场双方都难以把控的混战。

抱着"化繁为简"的宗旨，我要告诉您个小秘密。

图三十六

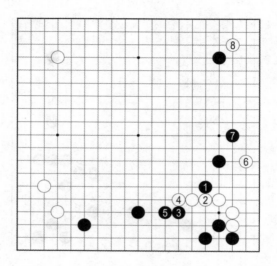

黑1刺时，白棋如若粘上，也能成功。

邹老师，您逗我玩呢！

黑1与白2是里与外的交换，黑棋肯定是便宜的。

只不过，这点便宜是在白棋可忍受的范围内。

也就是说，您如果实在不想把局势搞复杂，白2粘上也可行。

只不过，右下角今后还是需要小心防范。

图三十七

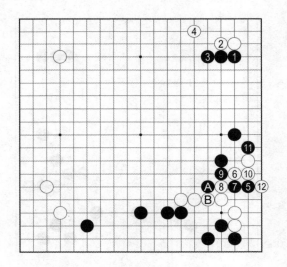

黑5的冲击，白棋需要小心！

至白12，黑棋先手包住外围，白棋太痛苦！

之前，黑A与B交换的好处，此时就体现出来了。

啥？没明白？

好吧，我继续忍。

图三十八

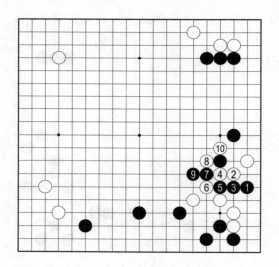

如若没有上图 A 与 B 的交换，白 4 冲，以下至白 10，黑棋即全军覆没。

所以嘛，黑棋之前 A 位刺到一下，还是明显有便宜的。

因此，黑棋刺的时候，白棋该不该反击，这涉及哲学的问题。

小朋友才分对错，有问题找警察叔叔。

成人之后，才发现很多问题警察叔叔也解决不了。

好像又扯远了……

图三十九

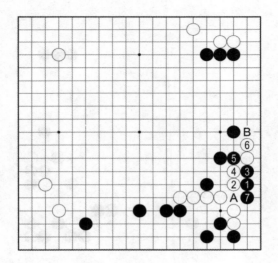

白2如顶住防守。

黑7之后，A与B两点白棋无法兼顾，白棋崩溃。

白4有些鲁莽了，还是需要更智慧一些。

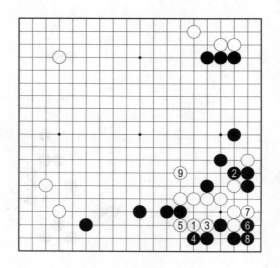

白1跳，绝妙，时机恰到好处。

黑2如反击，形成转换。

至白9，黑棋上边虽有收获，但下边实空被白棋打穿。

综合来看，黑棋这买卖做得并不划算。

图四十一

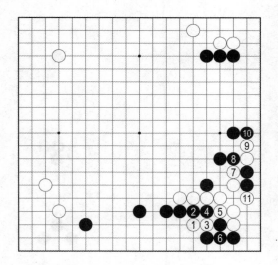

黑2冲才是正确的选择。

白棋交换几手，目的是获得白5位打吃的先手，即可防范黑棋图三十九的反击。

黑10此时只得弃子，至白11，形势非常接近，是双方都可接受的定型。

图四十二

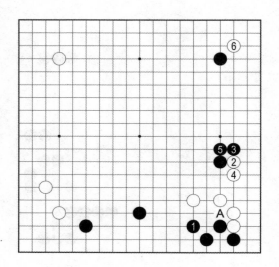

来看看黑1虎的变化。

邹老师，黑1这步棋本身速度很慢，效率不高啊！

是的。黑棋为啥要走得这么笨拙呢？

目的很明显，就是不让白棋A位成为先手，那黑棋想干吗，咱们就应该很清楚了吧。

可惜，黑棋没有等来白棋的二路"潜水艇"。

白棋此时有更简明的应对。白2三路托，缠住黑棋。右下白棋简单做活之后，黑1的效率就有些尴尬了。

图四十三

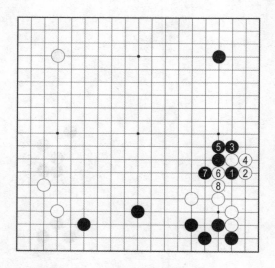

黑1反击，白2二路扳，好棋！

以柔克刚，让黑棋无处发力。

黑3打吃之后需要补断。

至白8，白棋目数饱满，黑棋下边棋形效率不高。

白棋可以满意。

图四十四

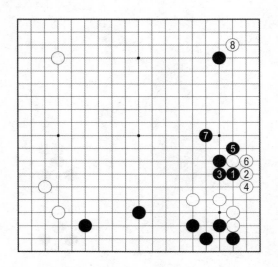

黑3粘，白棋也不惧。

黑7之后，白已无死活之忧，可脱先抢占大场。

白棋速度快，全局好调。

邹老师，我有一种冲动的想法！

我知道您在想什么。但冲动是魔鬼！

图四十五

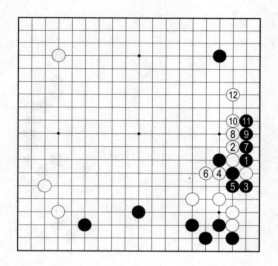

您是想干这"坏事"吧！

可惜黑棋攻不到白棋。

至白12，黑棋爬了一堆二路，忙活半天，收成太少。

邹老师，白棋外围有些问题吧？黑棋现在挖呢？

图四十六

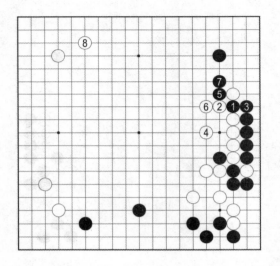

别太在意一些细节，该弃就弃掉。

这么大方的吗？

黑7后手挖到了几颗萝卜？

中央还把白棋撞厚了。

这买卖怎么看都不划算！

图四十七

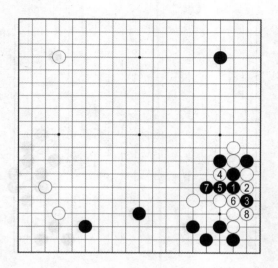

我知道你们肯定还是不服，心中惦记着黑1长的手段。

白2、4是绝妙的防守，黑棋无可奈何。

黑5冲，白6下边吃通，黑棋明显亏损。

图四十八

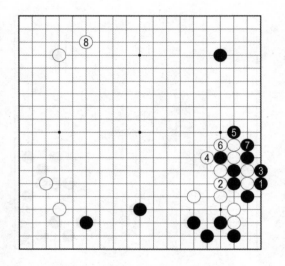

黑棋下边吃两子，上边则被白棋征吃。

至白8，黑棋的速度太慢，子效不高，白棋明显有利。

有没有一切尽在白棋掌握之中的感觉？

好好学，您就会把对手玩弄于股掌之间！

图四十九

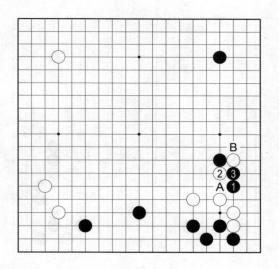

邹老师，黑1飞如何？

够犀利！

能想到这步棋，您的实力已非同小可！

黑3之后，A、B见合，白棋为难。

那如何抵挡黑1呢？

硬碰硬不行，咱们需要有点想象力！

图五十

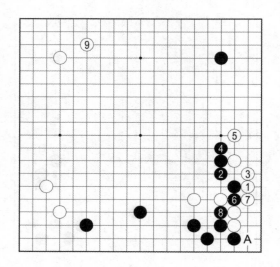

白1托，绝妙的防守。

不是所有的"二路"都是委屈的！

乞丐也能组成一大帮派，还有一套十八式就能搞定对手的顶级掌法！所以，别瞧不起出身，英雄不问出处！

黑2只好退，不服的同学，您自己试试看，看能不能阻断白棋。白3退是稳健的应对，至白9，我认为白棋稍稍有利。

注意，今后黑棋A位长不是绝对先手，两颗子并不是很大，白棋不会跟着应。

图五十一

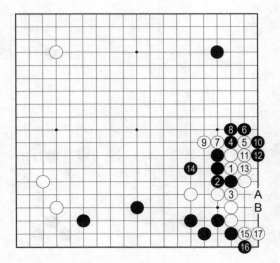

上图双方和平解决，做彼此的天使。

但如果您想玩得刺激些，那就白1挤。

来吧，做一个疯狂的天使！

白7、9分断黑棋，黑棋也不是好惹的主。黑10先手灭眼之后，14跳出，白15、17做活。不过，白棋局部没有净活！今后，黑A位点，白B，局部是打劫活。

如此，是一场非常难解的战斗！

棋盘上想愉快地做朋友真的好难！

图五十二

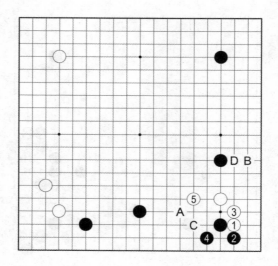

总结一下。

黑棋的二间高夹，实际上一点都不可怕。

白1、3、5是简明的破解之法。

接下来，记住两套剑法的要诀！

1. 黑A则白B——破！

2. 黑C则白D——继续破！

图五十三

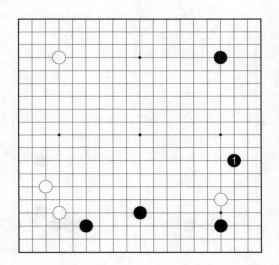

因此，AI在此局部给出了黑棋二间低夹的下法。

这招在以前很少见，从形状上看有些怪异。

黑棋的目的很明确，防住下盘，不让白棋轻易地做活。

别慌！

为师心中有数！

认真往下学，黑棋这招一样很好破！

图五十四

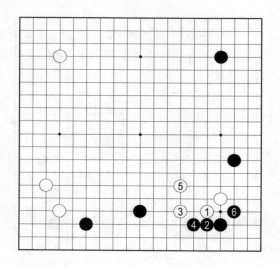

先教您一招简明的！

邹老师，白棋的下法是不是俗了一点啊！

正可谓大俗即大雅！

不觉得局部的棋形有似曾相识的感觉吗？

还记得年轻时，同桌的她吗？

图五十五

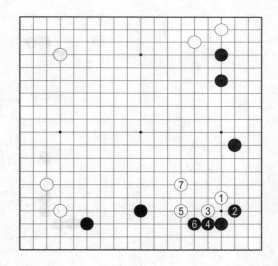

别理解错了！

我指的是曾经流行的"中国流"布局。

和上图比较，次序有所不同，但棋形基本相同。

既然本图白棋可下，为啥要质疑上图呢？

"以貌取人"是不可取的！

咱们还是要摆事实、讲道理。

图五十六

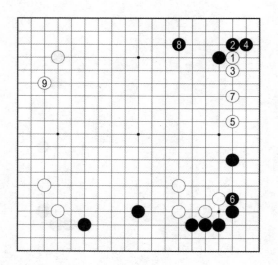

接下来，白棋可以考虑上方托角。

白5拆，逼迫黑棋下边联络。

白7是稳健之策，至白9，是双方都可接受的局势。

进程中，白7也可保留变化，直接在9位守角。

图五十七

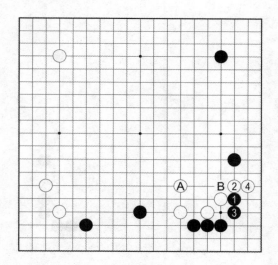

黑 1 托，此时并不便宜。

由于白棋有 A 位的子做接应，白 4 可立下，黑棋反倒有亏损之嫌。

黑 B 位断，不成立。白棋打吃，再压，将黑棋包住即可。

图五十八

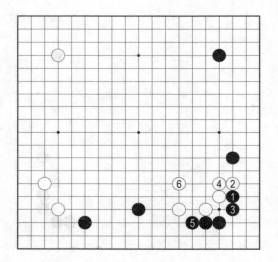

黑棋先1位托，才是好时机。

此时，白棋需要顾及断点，只好4位粘上。

至白6的结果，黑棋要稍稍优于图五十四的定型。

不过，围棋始终是针锋相对的较量。

要想实现心中所想，并不是那么容易，人生路漫漫其修远兮。

图五十九

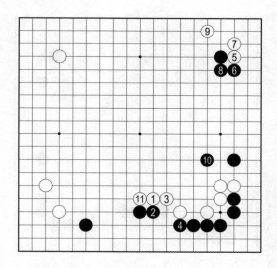

由于黑棋之前的托退将白棋下边撞厚，

白此时不会老实地跳，而是会1位飞，给黑棋下边施加压力。

黑2、4取地，白棋争先抢上边大场。

至白11，是白棋稍稍有利的局面。

图六十

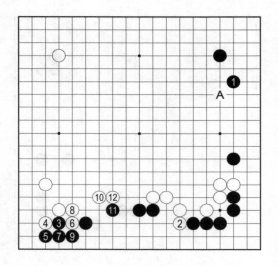

黑棋1位守角，要优于上图。

不过，白2贴下价值也很大。

黑3托角，不仅仅是目数问题，还关系到自身的厚薄，是此时的要点。

至白12，是均势的格局，我个人喜欢白棋多一些。

白12也可考虑先在A位尖冲，压迫上方黑棋。

图六十一

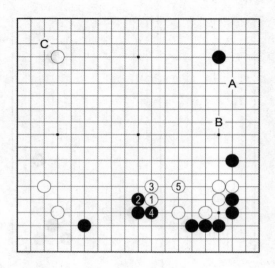

黑2贴这边也是一种定型方式。

至白5，我个人觉得白棋稍好一些。

接下来，A、B、C几处的大场是黑棋可以考虑的选点。

图六十二

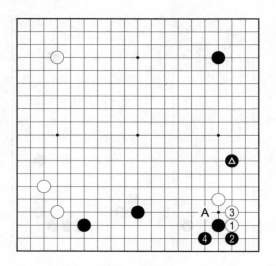

白A位小尖的下法，咱们介绍完了。

如果您不喜欢之前的变化，白1位托也是不错的选择。

那黑4虎之后，白棋该如何处理呢？

现在黑棋夹击的位置在低位，白棋要想就地做活需要动点脑筋。

莫慌！白棋还是有手段的。

图六十三

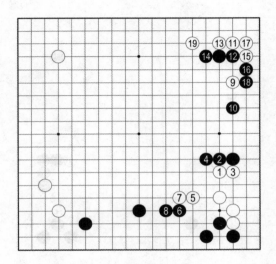

白1跳是局部整形的要点。

黑2贴，正确。如3位爬，凑白棋三路虎，黑棋的交换眼位明显吃亏了。

黑2贴的时候，白3贴下是平淡、稳健的一手。

至白19，是双方都可接受的定型。

当然，如果您不甘于平淡的生活，我倒是建议您可以追求一下。

图六十四

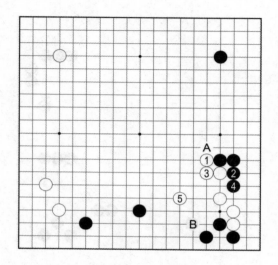

白1扳，我个人认为会更好一些。

黑2拐，白棋不用担心，白5跳，补断的同时瞄着黑棋下方。

接下来，黑如A位扳，白则B位攻击黑棋下方。

图六十五

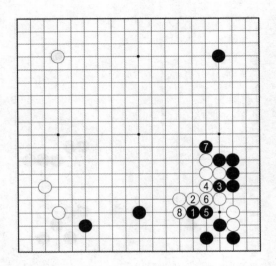

　　局部来说，黑1、3的整形次序很巧妙，值得学习。

　　尽管黑棋操作得很精巧，但白6粘上之后，黑棋上下无法兼顾，至白8的结果，依然是白棋稍稍有利。

　　因此，上图中黑2的拐，效果不好。

图六十六

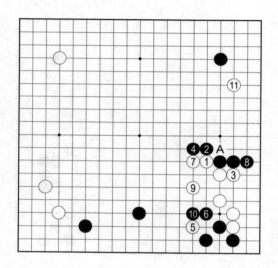

黑2扳才是正手。

白3贴，瞄着A位的断点。

黑4长是最强反击。

白5寻求行棋的步调，黑8是为了防A位的断点。

白9与黑10交换之后，下方基本成活形，即可脱先抢占上方大场。

至白11，全局形势依然非常接近。

如此，白棋要略优于图六十的进行。

图六十七

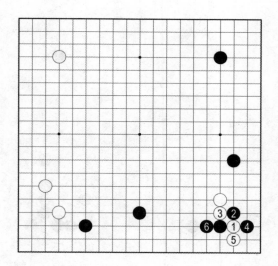

前面的招法都比较平淡，是时候上点猛料啦！

黑2从这里扳断，局势一下就变得激烈起来。

白棋该如何抵挡呢？

莫慌！

为师有两种策略供您选择！

图六十八

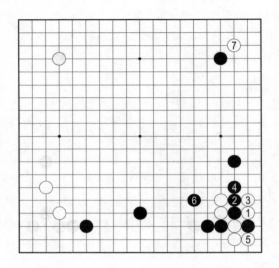

白1吃角是一种选择。

邹老师，这不是掉黑棋的坑里了吗？

机会可能是陷阱，陷阱也可能是机会！

这么深奥……

莫怪为师，是围棋深奥！

至白7的结果，依然是双方都可接受的定型，白棋并不吃亏。

意不意外？

当然，我个人还是喜欢第二种选择！

图六十九

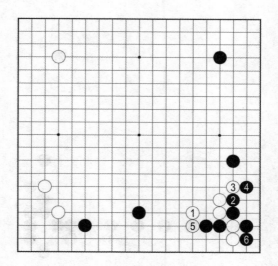

白1跳是更有追求的一种选择！

是不是被跳得有些晕？

别急，我们一步步来拆解。

黑2爬回是局部的第一感。

白5挡下，黑6吃角，接下来，白棋该如何整形呢？

接着往下看。

图七十

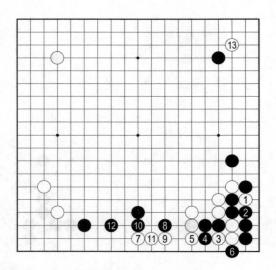

其实也没啥精妙之处。

1、3、5命令式地先手包扎，白7二路滑，寻求眼位。先手安定之后，快速抢占上方大场。

邹老师，感觉白棋好俗啊！

大俗即大雅！别太在意棋形的直观感受，好好体会白棋的行棋思路。

总结八个字："先手安定，快速抢地！"思路清晰吧！

至白13，全局形势非常接近，我个人觉得白棋还不错。

图七十一

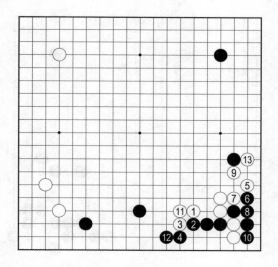

黑2爬这边有中计之嫌。

白3扳，黑棋被牵制住。

白5飞，巧妙，是局部关键的一手！

至白13，黑棋配置不佳，白棋不错。

邹老师，黑6虎是不是有凑白棋整形之嫌？

我知道您想的是什么，接着往下看。

图七十二

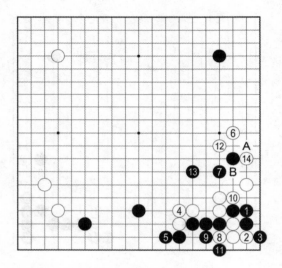

黑2粘，效果也不咋地。

白棋弃子即可。

黑7是为了防白棋二路托过。

白12好棋，黑棋棋形很难受。

黑棋大致只好13位跳，白14简单连回即可。

黑A则白B，黑棋无法切断白棋。

本图的进行是白棋不错的局面。

图七十三

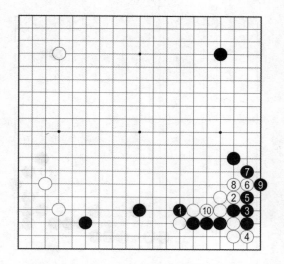

邹老师，之前黑棋1位断会怎样？

很好！白棋等的就是这一手。

这一天终于盼到了。

白2、4、6是命令式的定型，憋住了，别笑！

保持住对局的风度！

黑7如8位断，白7位长，黑棋气不够。

因此，黑棋只能二路夹过。

白10粘上之后，黑棋就很难办了。

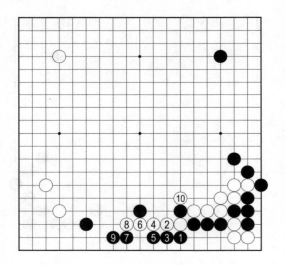

白棋角上气很长，黑棋只能二路爬出。

至白10，怎么说呢，这是一个悲伤的故事。

小黑出身贫寒，小学毕业即辍学打工，养家糊口，这要能够逆风翻盘，想想也挺励志的啊！

好吧，我承认我编不下去了。

图七十五

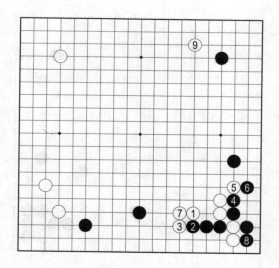

白3扳之后，黑棋已动弹不得。

黑4爬是此时的最佳选择。而白棋简单处理即可。

至白9，黑棋不如图六十九的定型。

因此，黑2爬是有问题的一手！

图七十六

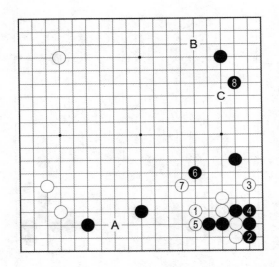

黑 2 缩回去，不给白棋借力是局部的最强抵抗。

意外不？

很多时候，咱们得学会以退为进！

白 3 飞是细腻的手段，比直接拐吃好。

黑 6 伴攻一下，黑 8 先抢地不急于进攻是高明的思路。

接下来，A、B、C 三处是白棋可以考虑的选点。

本图是双方都可接受的定型。

图七十七

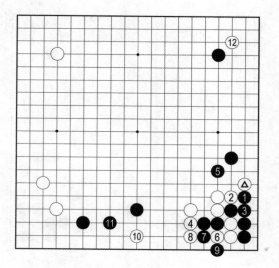

黑1位虎，未必便宜。

白棋看轻△一子，快速安定，抢占大场即可。

黑棋本图的定型比上图稍差一些。

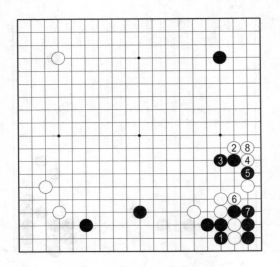

黑棋在1位打吃，白2碰是好棋。

但凡可以展示才华的好棋，咱们都要牢记！

咱们不仅要赢，还得赢得帅气！

黑3上长，白棋简单连回即可。

黑棋漂浮在上边，反倒成为白棋攻击的目标，黑作战失败。

图七十九

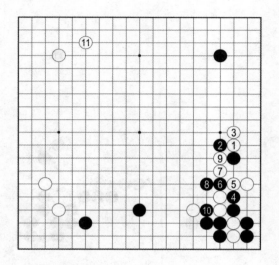

黑2扳，白3位退。

黑4冲断是白棋一直故意留给黑棋的"破绽"。

人在江湖，处处是坑，小心谨慎，依然掉坑。

至白11，黑棋角上落了后手，实地所得也不多，白棋非常满意。

图八十

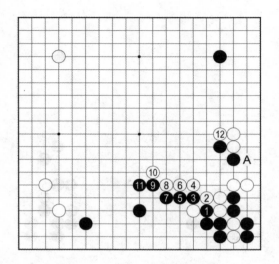

黑棋从这里冲断要比上图好很多。

不过，至白12的定型依然是白棋稍稍有利。

如果您不喜欢本图对围的结果，白2也可直接在A位扳过。黑如2位冲出，白棋看轻两颗子，脱先抢占大场也是可行的一法。

图八十一

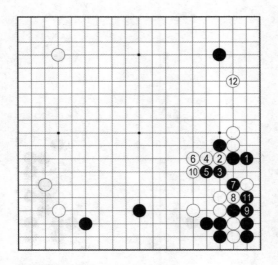

来看看黑1阻断的变化。

白2断，黑3、5先手交换之后，黑7需补断，白10封住黑棋即可。

本图黑棋忙活了一圈，就在二路围了那么一点点的目数，明显亏损。

图八十二

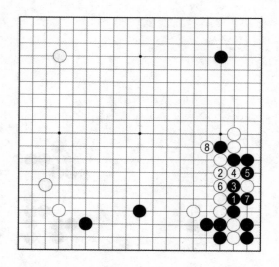

黑1从这里冲，突施冷箭。

白2长简明。

别太在意一些残子，要保持清醒的大局观。

黑7如嚼鸡肋，食之无味。

从以上两图可以看出，一切尽在白棋掌握之中，黑棋是无法下立阻断白棋的。

图八十三

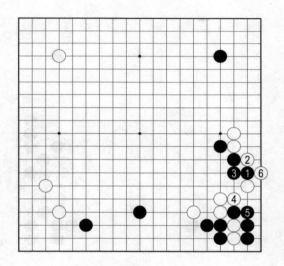

　　换一种阻断方式试试看，我就不信那个邪！

　　白2挤，是巧妙的手段。

　　至白6，白棋依然获得联络。

　　邹老师，这白4的绝对先手，为啥不提前交换呢，搞那么玄妙干吗？

　　就是为了诱惑敌人犯错啊！

　　开个玩笑，这其中还是有微妙之处的。

图八十四

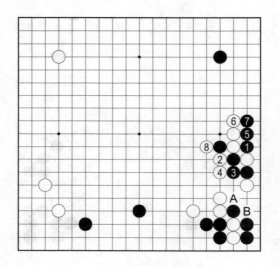

白棋其实一直在防着黑1打吃的下法。

进程中，黑3如果直接提，白依然4位长，黑棋更加亏损。

至白8，现在能看出白棋角上A与B不做交换的好处了吗？

好像有那么一点点……

还有些朦胧？好吧，我再讲两步！

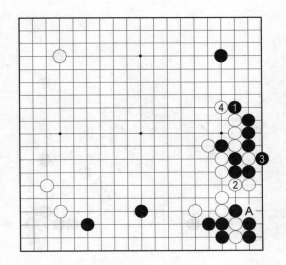

白2打吃是先手，那么，今后白棋保留着A位打吃的变化，黑棋角上的目数和眼位都有很大的差别！

这下明白了吧？

妙啊！

记住啊！艺多不压身，咱又多了一处展示才华的机会。

低调一点，周边会有很多崇拜的眼神看向您。

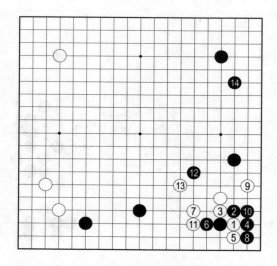

好啦，黑棋二间低夹的下法，咱们也基本搞明白了。

总结一下。对于黑2扳断的下法，白7跳为局部最佳（当然，您也可选择在10位吃角的变化）。

接下来，记住几个关键处！

黑8自补是冷静的好手。

白9飞是局部的要点。

黑10粘是此时最好的定型方式。

至黑14，是双方都可接受的定型。

图八十七

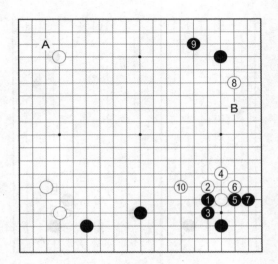

黑1上靠，也是曾经非常流行的下法。

至白10，双方形势接近。

接下来，黑棋可以考虑在A或B位抢占大场。

不过，有些可惜。

可惜什么?

对于黑棋来说，这也许只是一厢情愿的美梦而已!

图八十八

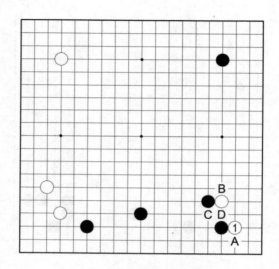

白1托三三才是此时更好的选择！

作为黑棋来说，肉眼可见的是 A、B、C、D 四种选择。

晕！我选择困难症犯了。

别晕，这些变化并不复杂，我们一个个来攻克。

图八十九

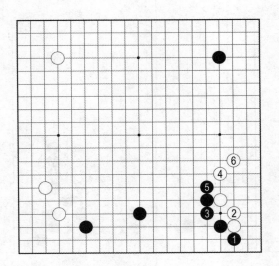

先来看黑棋扳角里的变化。

白2简单退，黑棋拿不出有效的进攻手段。

白4、6搭起坚实的小堡垒即可满意。

从棋形上看，黑棋的角，目数有些委屈了。

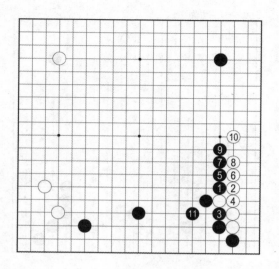

黑1扳，咱们不要动气。

冷静地、老实地跟着应就好了。

邹老师，白棋看起来三路爬得有些多啊！

黑棋苦于争不到先手，黑11需要补断，整体来看，黑棋的速度有些慢了。

本图的进行，黑棋要稍差一些。

图九十一

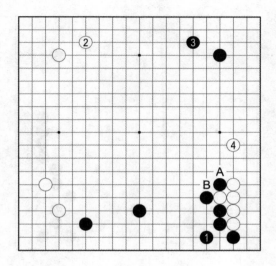

黑1直接虎，保留变化会好一些。

只不过，依然是白棋不错的局面。

注意！右下角白棋不要做 A 与 B 的交换，那样就把黑棋撞厚了！白4拆二，才是更好的补棋方式。

邹老师，白2脱先，黑棋不能惩罚右下角的白棋吗？

请出招。

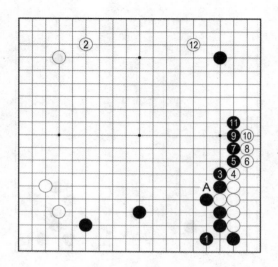

右下角，黑棋最严厉的不过就是黑5位扳，可白棋根本不给你作战的机会。

很多时候，无处发力是很痛苦的！

至白12，黑棋一排厚势无处发力！

最关键的是，黑棋A位留有断点，到底厚不厚，还值得探讨。

好啦，从以上的变化我们可以看出黑棋扳角里是没有好结果的。

再来看另一种选择。

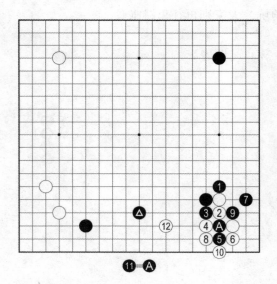

黑1扳外面，白2顶，至白12的进行，是很久以前的定式。学这个定式的时候，邹老师可能才9岁。

"在这个世界里，寻找着你的梦想，你问我梦想在哪里，我还年轻，我还年轻……"

不好意思，情绪到了。

回到主题。大家注意了，这已经是被淘汰的下法！

先不说黑棋此局面配置不好，即使单独看

角部，黑棋也是亏损的！所以，我小时候掉过的坑，大家别再往里跳啦！

图九十四

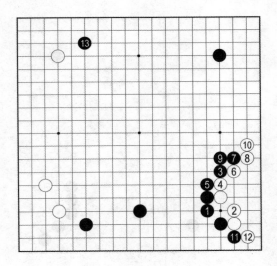

来看看黑1退的变化。

白2如退，黑3飞罩是局部的好棋。

角部大致进行至白12，黑取势，白取地。

接下来，黑棋脱先抢占大场，全局形势大致两分。

尽管本图的进行白棋也不坏，但作为一位有志青年，我认为，咱们还是应该追求一下更好的下法。

图九十五

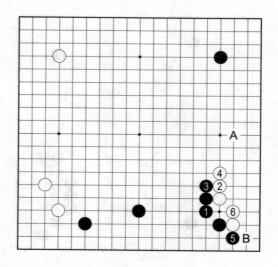

白2长出是第一感。

白6之后，A与B白棋必得其一。

本图白棋也还不错，但没有想象中那么好。

也许，咱们可以再追求一下。

图九十六

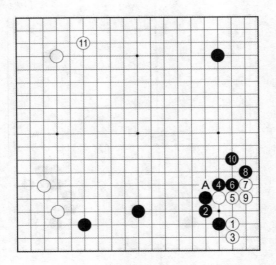

白3下立是AI老师推荐的局部最佳应手！

意外吗？放着外面的诗与远方不要，非得钻进眼前的苟且。AI比人类还现实。

白棋的目的就是先手夺角。

此后，伺机A位断出，顺势消除黑棋中腹的潜力。

与上图比较，其实差距不大，我个人认为白棋的两种选择都可行。

图九十七

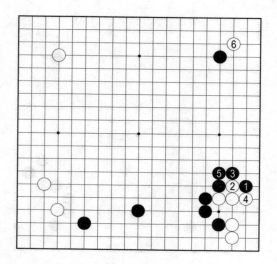

对手有可能会上黑1跳这步怪招。

别冲动，别反击，保持初心，方得始终。

记住口诀——争先取地！

再提醒一下，白4如在外面打吃，黑棋粘

上，白棋没有好的后续手段，反倒吃亏。

图九十八

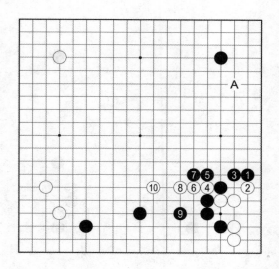

黑1二路飞也是可以考虑的选择。

白2做活角部之后，白4断出战斗，至白10，是双方都难以把握的混战。

当然，如果您不想早早进入战斗，白4也可以在A位挂角，先避开激烈的战斗。

如果您依然不喜欢，图九十五的进行，也许会更好掌握一些。

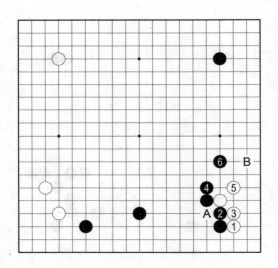

黑棋之前的几种应法似乎都不太好。

那就只剩下黑2顶的应法了，咱们来看一下。

至黑6，又是一个有一定年头的定式了。

黑6之后，白在A位断或者B位飞都是曾经流行的下法。

A位断，有些复杂，脱离咱们本书的宗旨，弃之。

B位飞，速度有些慢，也有被黑棋先手便宜之嫌，弃之。

因此，脱先才是王道！

图一百

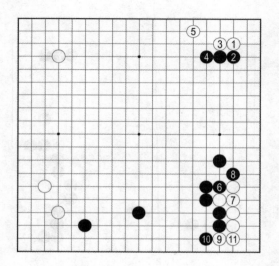

记住奥义——争先取地！

右下角，黑棋堵住上边，白9二路扳粘即可。

至白11，黑棋右下角还欠手棋，黑如再补，局部又要落后手。

至此，我认为是白棋稍好的局面。

图一百零一

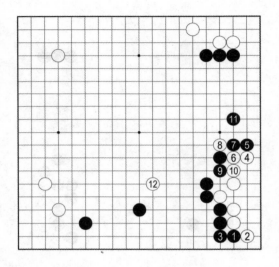

黑棋从角上搜刮，方向有误，黑棋还不如上图的进行。

黑5看似凶狠，白棋不要动气，简单处理即可。

需要注意的是，白10是必须补棋的，角上有死活问题。

白12抢先侵消黑棋势力，黑棋抓不住白棋，局面有些难下。

图一百零二

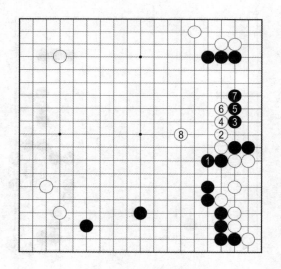

黑1长这边，会比上图好一些。

不过，黑棋外围也攻不到白棋，整体来看，依然是白棋稍优的局面。

邹老师，是不是又一个定式被淘汰了？

我个人认为，淘汰还谈不上，毕竟实际差距不算大。

别沮丧！

那些年我们学过的定式就如同那些年我们追过的女孩一样，尽管没成功，但收获总是有的。

图一百零三

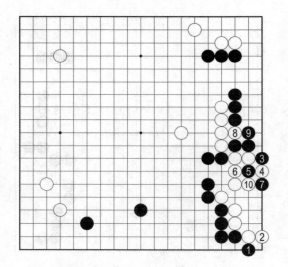

再多叮嘱一句，说明一下角里的情况。

黑3扳，想寻求官子便宜。

不要妥协！要坚决地在4位打住！

至白10，注意看，局部没有打劫，黑棋是个"接不归"。

图一百零四

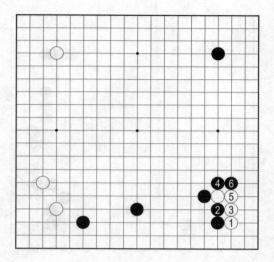

　　好啦，最后的章节我们来讲讲黑棋打吃完，挡下的手段，这也是曾经流行过的下法。

　　先放个结论，黑棋是讨不了便宜的！

　　当然，白棋要想破解也不是那么容易的。

　　幸运的是，您遇到了我。

图一百零五

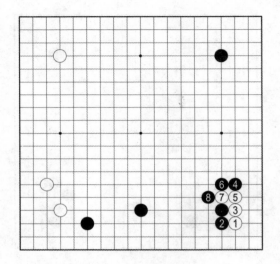

先给同学们树立一下信心！

我把行棋次序改变了一下，依然回到了上图的棋形。

而星位点三三的时候，在职业高手的对局中，您几乎是很少能看到黑6长的下法的。

高手为什么不长？那肯定是不好呗！

现在是不是信心增强了很多？

而且，学会了后续的变化，等于把星位点三三其中的一变也学会了，可谓一举两得，划算吧！

图一百零六

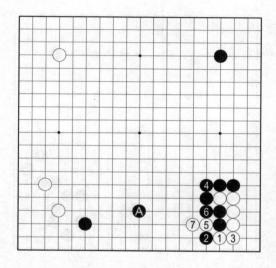

　　黑棋挡下之后，白1先扳或者直接在4位断，都是可行的。我个人认为，此局面下，白1先扳会更简明一些。黑4要是补断，白棋断打出来，黑A的位置有些奇怪，配置不佳，白棋明显有利。

图一百零七

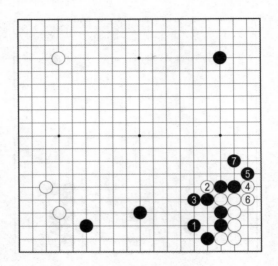

因此，黑1虎几乎是必然的一手。

白4、6扳接，有些怂，黑棋达到了目的。

不过，即使黑棋得偿所愿，形势也是均势，黑棋也没啥优势可言。

意外吧！我也很意外。

当然，咱们还是要追求一下，人活一口气嘛！

图一百零八

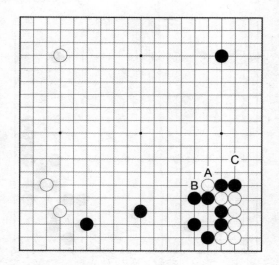

此局面下，AI 老师抛出了 A、B、C 三个锦囊，我一下就迷糊了。您晕吗？

别慌！要晕我先晕。

于是我废寝忘食、苦学钻研，屏蔽了很多变化之糟粕，提炼出毕生所学之精华，现给您指一条明路——白棋选 A 就很好！

图一百零九

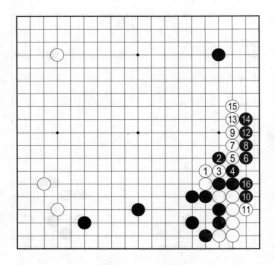

白1长，黑2如跳，白3立即冲断。

接下来，双方都是命令式地进行。

进程中，黑10扳的次序很重要！

黑16粘上做活之后，白棋该如何定型呢？

需要注意，白棋角上也还没活！

邹老师，白15是不是可以提前上点手段？

敏锐！

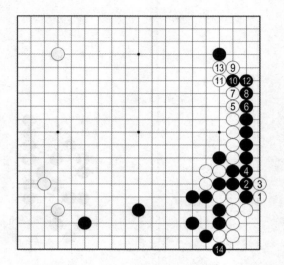

很多时候，白1一路打吃都是局部的好棋。

不过，人生总有意外的时候，正好今天赶上了。

黑6以下连爬，苦不堪言。好在，黑争到先手可于14位吃角，总算是得到了补偿。

至黑14，双方形势非常接近。

因此，白棋不如上图的进行。

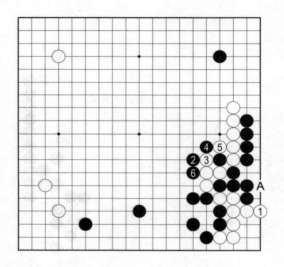

接图一百零九。

白1立，是角上做活的好棋，瞄着A位一路托，伺机灭黑棋的眼位。

只不过，黑2枷，至黑6，白棋被包住也很难受。

尽管此图白棋也不错，但并不是白棋最好的应对。

图一百一十二

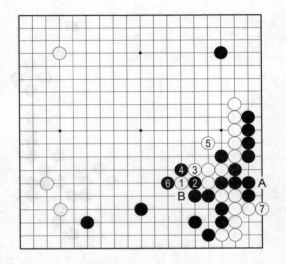

　　白1先跳中央，我认为是更好的选择。

　　黑2冲断之后，白5枷吃一子，白棋已经防住了黑棋上图包住白棋的手段。此时，白7再做活，次序拿捏得刚刚好！

　　注意，由于黑棋气紧，A、B两处都是黑棋需要顾及的地方。

图一百一十三

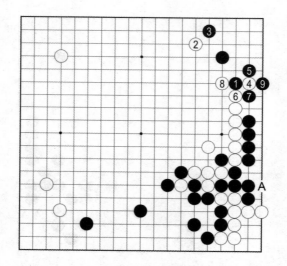

接下来，黑1守角是为了兼顾右边的黑棋。但A位的问题，始终存在。

比如，白4托的时候，黑棋就有些难受。

黑7如白8位长，白A位托，黑棋右边活不了。

黑7只好忍耐，但被白棋全部压制在下边，黑棋太委屈。

图一百一十四

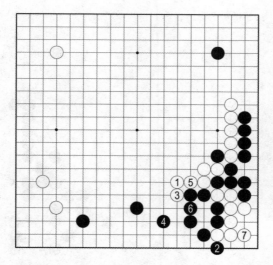

　　很多同学可能会有疑问，黑棋当初为什么不能吃角？

　　黑棋不是不想吃，是不好吃！

　　白3贴，外围已经大有收获。

　　白7再回到角上，对黑棋进行灵魂的拷问！

　　还吃吗？

图一百一十五

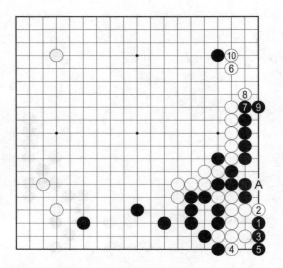

黑1继续吃。

黑5之后，角部是"盘角曲四"，白棋净死。不过，白棋的气很长，白6拆边，瞄着A位的托。

黑棋只好做活右边，但上边就被白棋踏平了。

至白10，白棋形势大优！

图一百一十六

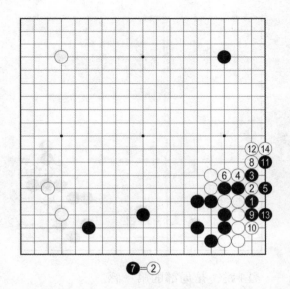

黑棋之前的跳不行。

黑1扳也是"送材料"的一手。

白2断是局部的好棋。滚包之后，黑棋被包在里面，角里对杀，局部是个打劫。

至白14，黑棋崩溃。

图一百一十七

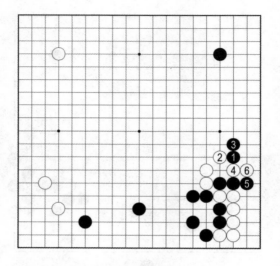

黑1跳，是局部的第一感。

白2尖顶，好棋。拿住了黑棋棋形的要害！

黑3长，白4挖，黑棋筋被吃，瞬间崩溃。

图一百一十八

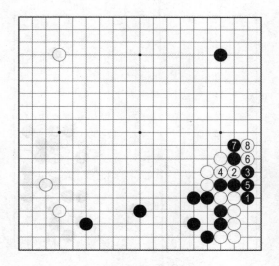

黑1扳，希望白棋角上跟着应。

可生活中很多时候是希望越大，失望越大！

这次也不例外。

白2挖，手起刀落，至白8，黑棋一命呜呼了。

图一百一十九

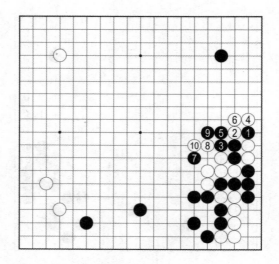

黑棋继续顽强抵抗。

白6之后，角上对杀黑棋气不够。

外面，黑棋也吃不住白棋。

至白10，白棋突围了，黑棋崩溃。

邹老师，好像上图中黑7不长，有步"杀手锏"！

什么？您说的是真的吗！

图一百二十

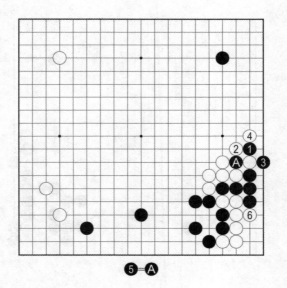

您莫非指的是黑1？

恐怕您想多了！

白6之后，黑棋粘上则气不够，开劫又苦于没有劫材，黑棋依然不行。

黑5不提劫，先于6位爬呢？

还挺顽强。

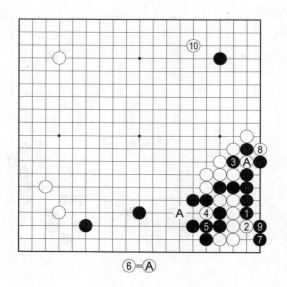

就算被黑1交换到，黑棋也不行。

白棋打劫的方式有很多种。

本图的进行是白棋最简单的下法，至白10，形成转换，黑棋也是大差！进程中，白4也可于A位刺寻劫，黑也不利。

図一百二十二

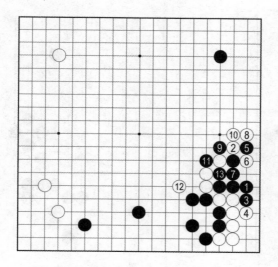

回头来看看黑1立的抵抗。

白2扳，必然！

黑5扳时，白棋需要小心。

白6中计！至黑13，黑棋跑出去之后，白棋角上还需补活，全局变得复杂起来。

不过，白棋有更好的应对之法！

图一百二十三

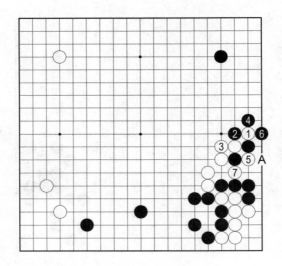

白1位扳，是此时绝妙的一手！

黑棋此时已不能像上图般那样进行。

至白7，白棋明显收获更多。

邹老师，今后不是A位还留着个劫吗？

黑棋暂时劫材不利，但有个打劫确实比较
烦。

图一百二十四

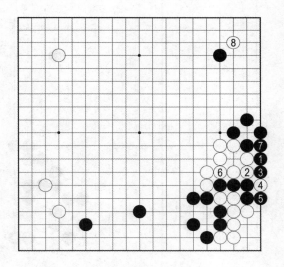

实在不行，咱们就大气一点。

即使让黑棋渡过，白棋也是明显优势！

当然，如果您一定要不给对手面子，我也支持！白2在3位打也是可行的。

所以，打与不打，全看您心情以及您和对手的交情。

图一百二十五

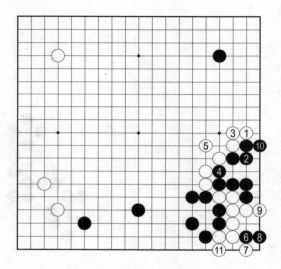

被白1扳之后，黑棋大致只好2位缩回。

白角里是大眼，黑气杀不过，只能选择互活。

至白11，黑棋依然亏损。

图一百二十六

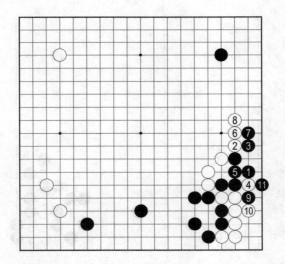

　　之前讲了黑二路立不行，再来看看黑1虎的抵抗。

　　白2、4是关键的次序，要牢记！

　　黑5只得粘上。如在9位打吃，白5扑，黑棋就坏了。黑11之后，白棋接下来该如何定型呢？

　　邹老师，先别讲之后，我有个疑问。黑3不能先于9位虎吗？

　　好问题！

　　记住！这个局部的核心就是黑9这个位置，黑棋永远也交换不到！

图一百二十七

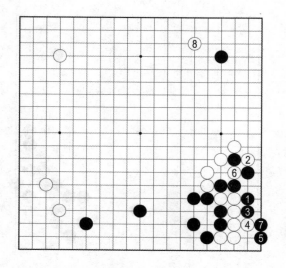

黑1虎是交换不到的！

白2会打吃，弃角争先。

邹老师，弃这么大个角，白棋会好吗？

不是好，是很好，是非常好！

有些事，经历过才会深刻；有些棋，下过才会明白。如果您质疑我的判断，没关系，去尝试一下就好。

不过，我还是建议您，重大比赛还是不要尝试黑棋的下法啦，代价可能有些大。

图一百二十八

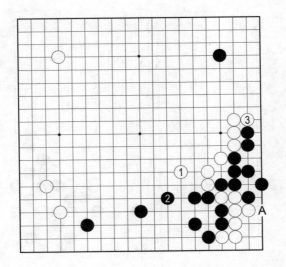

咱们接着图一百二十六继续讲。

白1跳，基本是先手。白3拐，是补角的好手段！

别忘了白棋角上还没活！

有了3位的拐，白A位变成先手，角部黑棋就吃不住白棋了。

那为啥黑2不吃角？

图一百二十九

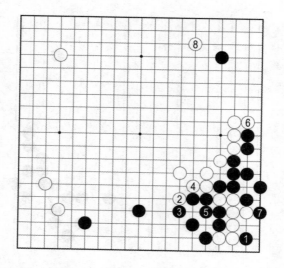

黑1吃角，外围不得不忍受白棋2、4、6夺命三连击！

哪里夺命了？黑棋不都好好的嘛！

活着的只是躯体，灵魂已经死了！

至白8，黑棋右下角大概40目，这点本钱是不够退休养老的。

图一百三十

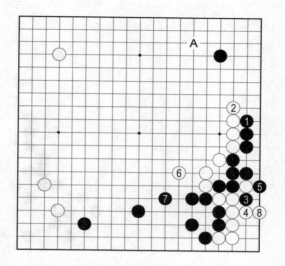

黑棋之前多爬一下或许会好一点。

但争取到的只是皮毛，大局已落入下风。

至白8，依然是白棋有利。

白8还可以考虑先不活角，于A位抢攻黑棋。

图一百三十一

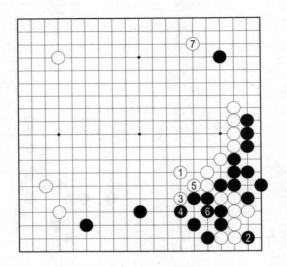

右下角有毒，不信邪的吃了莫后悔！

至白7，黑棋优于图一百二十九的进行，但全局形势依然不乐观。

邹老师，黑棋角上45目左右，看起来也不少啊！

可是您要想清楚，这一眼望到头的未来是不是您真正想要的人生？

邹老师，能说得直白点吗？

就是黑棋这辈子可能已经没多少晋升空间了！

图一百三十二

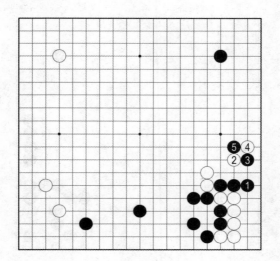

好啦，前面的因果关系，咱们基本整明白了。

再来看看黑1立的下法。

白2飞是第一感。不过，您相信一见钟情吗？

白4扳，过分了！黑5断之后，白无应手，黑棋已经突破了白棋的包围！

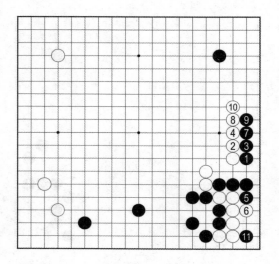

白2只能退，黑棋连爬之后吃住白角，至黑11，全局形势非常接近。

邹老师，怎么现在黑棋吃角就可以下了呢？

您对比一下之前的图一百二十九和图一百三十一就会明白了。白棋中央的厚薄是有明显区别的！

因此，上图中白2的飞，有问题。

一见钟情的恋情并不都是美好的！

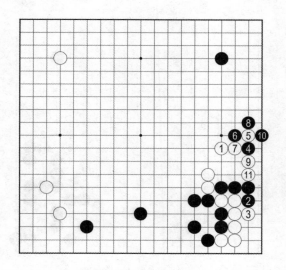

白1飞，才是此时的最佳应对！

白棋招法看起来松松垮垮的，其实，从未想放过黑棋。

白5靠，终于露出了凶狠的爪牙！

别太相信敌人会有善意！

黑6反击，至白11，形成转换，白棋明显有利。

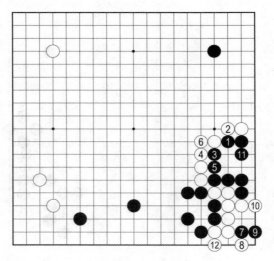

黑1、3、5是命令式的先手，白6需补外围。

白棋角里气很长，黑棋先动手也杀不了白角，只能选择互活。

至白12，大家都活了，黑棋忙活了半天，赚了个寂寞。

邹老师，黑棋不能先在外围断开白棋吗？

请慎重！

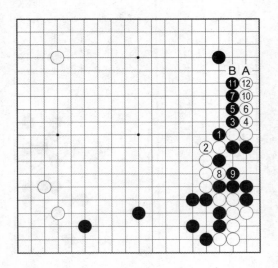

黑1打吃，先下手为强。

可惜，黑棋外围子力不够。

白8与9先手交换之后，黑棋已经不活。

白12爬时，黑棋崩溃了。

接下来，黑A则白B，黑外围气太紧，撑不住了！

黑如走B位，黑棋下边气不够了。

图一百三十七

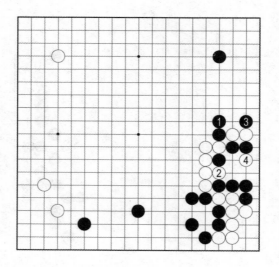

黑1长也交换不到。

白2冲吃好次序，黑不能跟着应，否则，白棋向外跳出，黑棋局部就死了。

黑3只好吃外面，转换的结果，黑棋明显不利。

唉，黑棋就差了那么一点点。

"不爱那么多，只爱一点点……"

图一百三十八

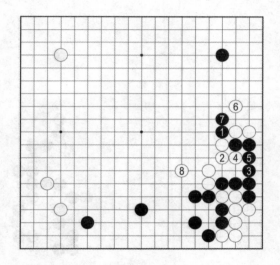

　　黑1直接断，要复杂一些。

　　白2退是简明的应对。

　　破坏掉黑棋的眼位之后，白6跳出，至白8，外围黑棋已拿不住白棋。那关键就看角里的对杀！

图一百三十九

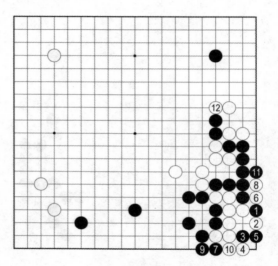

黑1扳，缩小白棋的眼位是局部紧气的好棋。可惜，今天不走运！

白8一路爬是关键的次序，千万不要错过了！

至白12，角上是什么情况？

今后，如白棋先动手紧气，角里是个紧气劫。而黑棋先动手，角里是吃不净白棋的。

对于黑棋来说，角里留着一个定时炸弹（白棋随时可以劫爆了黑棋），场面有些尴尬啦！

图一百四十

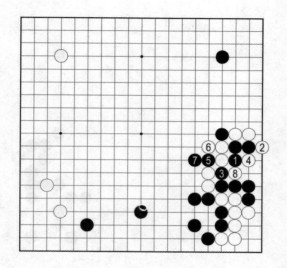

接图一百三十八。

黑1是想扩大眼位，尽可能长气。

白2一路扳，时机拿捏得正好！

黑3走不到了。至白8，转换的结果，黑棋大败！

注意，白8提掉之后，由于黑棋气紧，白棋角上已经是活棋了。

图一百四十一

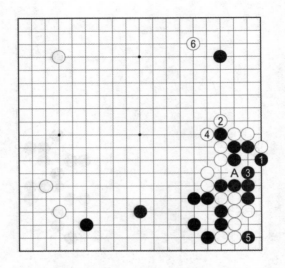

黑1挡这里，白2打吃，黑棋已不能应了！

黑3如在4位长，白A位打吃，黑即崩溃。

白4拔花，黑棋大亏！

至白6，同样是吃角，黑棋之前很多吃角的进行（图一百二十九、图一百三十一）都比本图好太多了。

图一百四十二

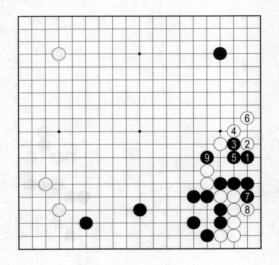

黑1小一路跳，白棋需要小心！

白2包围得太紧，反倒中计。黑3挖之后，白棋外围有破绽。黑9跨，白棋已无法对黑棋实施包围。

图一百四十三

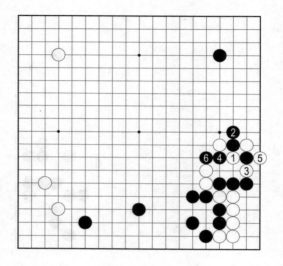

注意，白1打吃这边是不行的！

黑6冲出，局部有个打劫，但白棋没有合适的劫材，已难以为继！

本图的棋形有些类似于图一百三十二，配方不同，但疗效基本一样，白棋属于服毒自杀！

图一百四十四

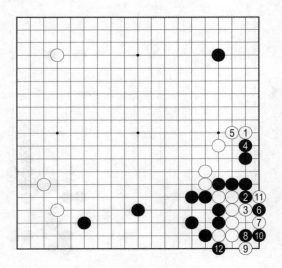

白1飞，才是正解！

黑棋外围突破不了，只得转角里与白棋对杀。

黑6是唯一的办法，走别的白棋都是大眼，黑气肯定不够。

至黑12，接下来对杀会是怎样的结果呢？

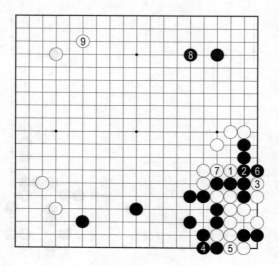

白1、3是紧气的好棋。

白7之后，和之前的图一百三十九的对杀，大同小异。

角里依然是个黑棋补不干净的劫。而白棋一旦动手，局部是个紧气劫。角上的定时炸弹始终会牵制着黑棋，黑大亏！

本图的进程中，黑2如7位冲，白棋顶住，黑棋对杀依然没有好结果！

图一百四十六

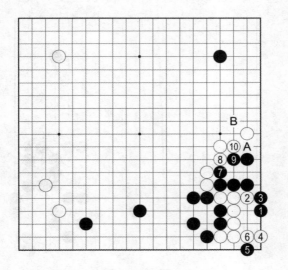

黑1小飞，迷惑一下白棋。

同学们，千万别被黑棋的"考试"给考倒了！

白2、4才是满分的答案！

至白10，里面的对杀是个双活，黑依然不行。

注意，白10之后，黑如A，则白B，角里还是双活。

図一百四十七

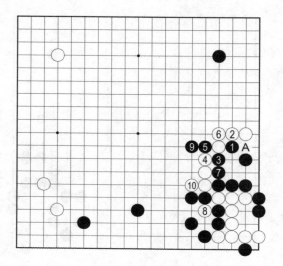

黑1尖顶，想争先抢到A位的团，延气。

可惜，一切都在白棋掌握之中。白8打吃，好棋。

至白10，黑拿不住白上边三颗子。

"我已经看见，一出悲剧正上演……"

图一百四十八

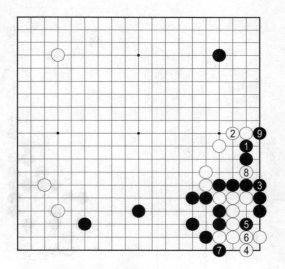

黑1顶这里，继续顽强抵抗。

黑3粘，瞄着6位挖的手段，白棋一定要小心。

搏杀的时候，步步惊心，一定要谨慎！

白4的次序非常重要！

白8挖，正常收气里面是双活，黑不行。

但黑9一路扳，在身处绝境之时，人们总会爆发出惊人的能量！

图一百四十九

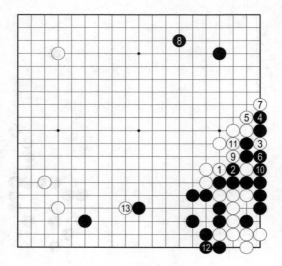

白1、3是正确的紧气手段。

黑4如6位提，白4位打住，局部白棋可打劫杀黑，黑棋劫材不利，崩溃。

黑4多跑一下是为了延气。

至黑12，角里是个打劫双活，黑棋吃白棋比较辛苦，白棋脱先抢占大场即可。

白13碰，继续欺负一下黑棋是可以考虑的选点。黑棋全局没啥目数，明显亏损。

图一百五十

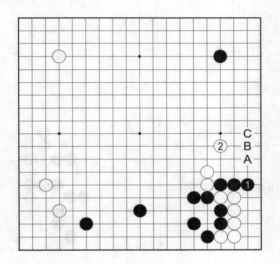

之前的变化有些复杂，需要消化一下。

记住了，白2飞才是更好的手段！

黑无论是 A 位小跳，还是 B 位大跳，白棋都选 C！

此刻我怎么可以输给你，所以我每一个都选 C！

都选 C！ 都选 C！ 都选 C！

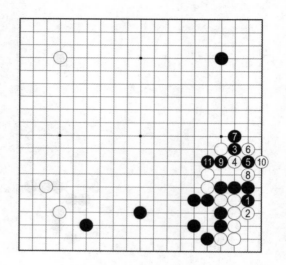

读书、上学总是不断地在考试，围棋上，对手也是不断地在给您制造难题！

黑3托，继续出题。

白4、6是黑棋所期待的，白棋以"学渣之霸"的身份，交出了一张没有惊喜的零分答卷！

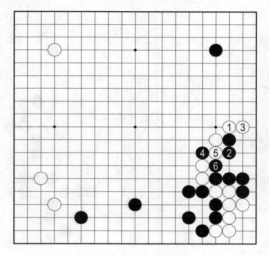

白1扳外面才是学霸该有的风采！

白3立，确定是一个人在答题吗？

学霸瞬间变成"学渣之霸"！

白棋欺人太甚，外围露出破绽，黑4、6跨断之后，白棋外围已无法收场！

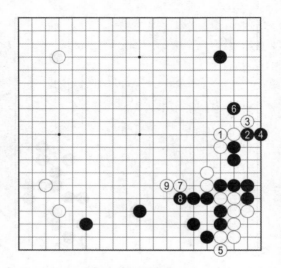

白1粘，才是正确的选择。

逼迫黑2、4苦活。此时，白棋有多种选择。

白5活角未必是此时最好的，但我个人认为是最容易掌握的。

黑6限制白棋上边的眼位，白则7位跳，控制中腹的势力消长。至白9，依然是白棋不错的局面。

图一百五十四

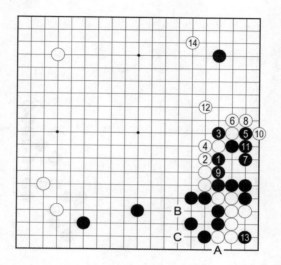

黑1、3、5、7一套组合拳，为吃白角做准备。

黑9先做活，瞄着冲击外围。

可惜的是，黑棋即使如愿吃住白角，形势依然不利。

白14先搜刮黑棋右上角。右下角，黑棋的味道不太好。白棋A位是先手。今后，白棋B位或者C位点，都可在外围获得一些便宜。

邹老师，黑7能往外爬吗？

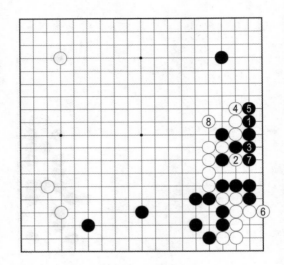

黑1爬，自身的棋形有问题。

白6立是先手，黑棋需要补棋，白棋角上已经活了，黑棋爬了一堆二路，收获甚微。

白8稳健吃住，形势就已经很好了。

黑7如不补，白7位挡下，黑棋的气是不够的，同学们可自行计算一下。

图一百五十六

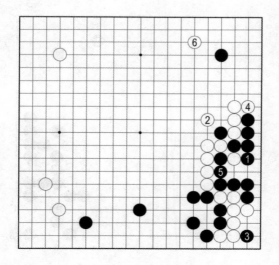

黑1拐吃，白2补外围就很简明。

黑3吃角，白4拐是先手。

进行至白6，黑棋还不如图一百五十四的定型。

黑棋一直憋着吃白棋的角，确实很努力了。

可选择比努力更重要，黑棋从一开始就误入歧途了！

图一百五十七

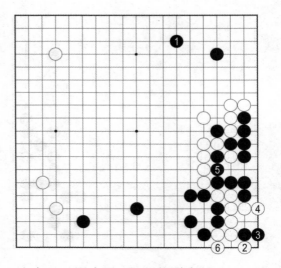

注意，上图中黑5是不能脱先的！

黑1如脱先抢大场，至白6，白角又起死回生了！

黑5如走6位，白5位提，黑棋反倒没活！

图一百五十八

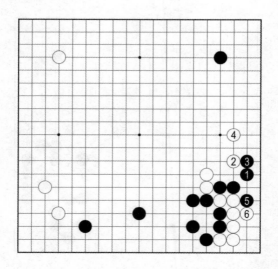

之前，我们讲了黑棋二路立的变化，黑棋没有好的结果。黑1二路小尖才是局部的最强抵抗！

牢记关键处——白2、4的手段不能忘！

邹老师，白棋外围似乎有些薄啊！

不用怕，一切尽在掌握中！

图一百五十九

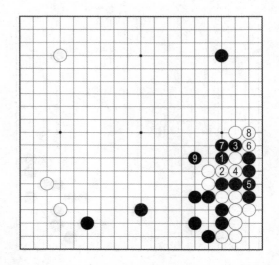

　　黑 1 夹出，这是白棋给黑棋留下的陷阱。

　　等会儿！这白棋不是死了吗？

　　哎呀，不好意思，太激动，忘了交换一个次序！

图一百六十

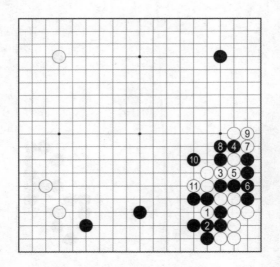

上图黑棋夹出时，白1打吃的次序千万不要漏了！

有了白1的交换，白11就跑出去了。

再欣赏一下白1，时机刚刚好！

真可谓"神机妙算，决胜千里"！

图一百六十一

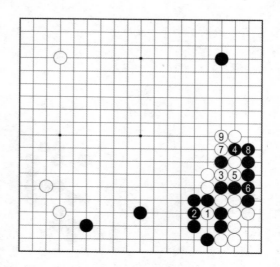

黑2粘这边，您以为白棋还会如上图般进行吗？

当我傻啊！

此时，白棋角上已经活了，白7吃上边即可。

一首《凉凉》，送给那一串二路、生死未卜的黑棋！

图一百六十二

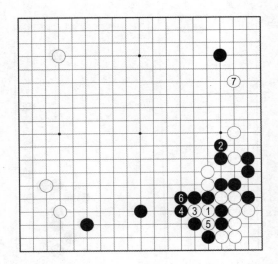

　　黑2如反击，白3冲是局部的好次序。白棋先手做活角上，并且实地获利丰厚。

　　至白7，黑棋忙活了半天，得到了啥？

　　夜深人静，《凉凉》那首歌，又在耳边响起。

　　不同的情景，熟悉的旋律，压抑、伤感的情绪弥漫在黑夜里……

图一百六十三

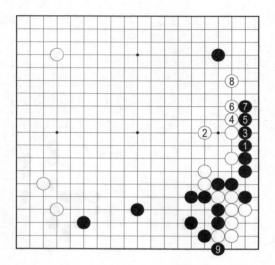

综上所述，黑棋只能1位长。

白2跳，整形。

黑3、5、7连爬，为了做活已顾不上体面了。

白8其实在9位活角也不错。

只不过，我个人认为弃掉角部会更好。

邹老师，这么有境界啊，居然放弃实地！

嗯……其实，我也是个俗人，之所以这么"清高"，是因为——角里还留有后招！

图一百六十四

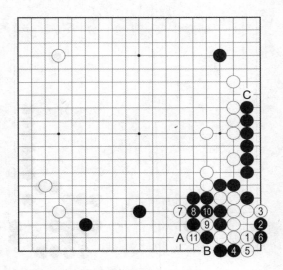

白棋角里还有手段！

黑4如6位爬，则白4位打吃，角上是著名的"盘角曲四"。那白棋C位虎，还有先手的味道，黑棋吃得太痛苦！

黑4一路爬，吃角。白7、9、11是绝妙的三连击！

注意，黑棋如A位吃，白B位提，白角形成打劫活，黑失败！

图一百六十五

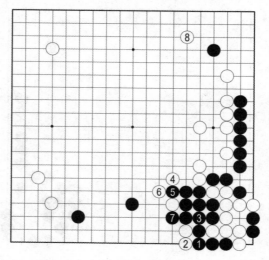

黑 1 只能接上。

白 2 撞紧黑棋的气之后，白 4、6 是愉快的先手便宜。

至白 8，是白棋明显有利的局面。

好啦，本册快到尾声了。是不是有些晕？

我们来捋一捋思路！

图一百六十六

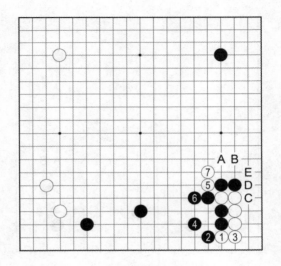

之前一直在讲黑棋挡下去的变化。

白7长，是局部我强烈推荐的一手！

接下来，黑棋 A、B、C、D、E 五种应法，可谓"闪电五连鞭"！

您能想到的和没有想到的，我都给您想到了。

我真是操碎了心！

您要是还下错，我只能吐血三两，以表敬意！

图一百六十七

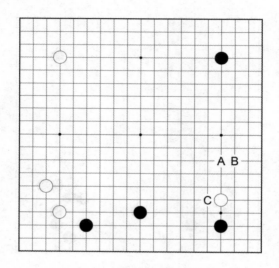

本册我们重点讲的是"小林流布局"白棋高挂的下法。

黑棋 A、B、C 是相对比较流行的几种应法。

通过本册的讲解，咱们的结论就是——白棋没啥好怕的！

那对于白棋高挂，您想不想知道 AI 老师会怎样应对呢？

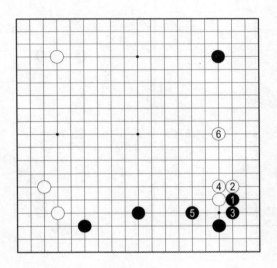

正所谓大道至简！

黑1托，才是AI老师的首选！

至白6，是双方非常接近的形势。

不过，咱们成功化解了小林流布局的攻势，也没啥不满意的。

还要告诉您个小秘密，对于小目高挂，无论是不是"小林流布局"，在绝大多数场合，AI老师都喜欢1位托的应法。

图一百六十九

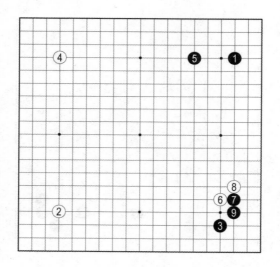

好啦，本册就到这里了！

下册，我们来聊聊"错小目布局"的一些下法。

托、退这么简明的定式也会有"猛料"吗？

猛不猛，您看了才知道。

想学更多的围棋知识，来视频号找我吧。

搜索微信视频号"邹俊杰围棋"，天天快乐学围棋。